2022 中国生猪产业安全评估报告

中国农业科学院农业信息研究所 著

科学技术文献出版社
SCIENTIFIC AND TECHNICAL DOCUMENTATION PRESS
·北京·

图书在版编目（CIP）数据

2022中国生猪产业安全评估报告 / 中国农业科学院农业信息研究所著. —北京：科学技术文献出版社，2022.11
　ISBN 978-7-5189-9771-8

Ⅰ.①2… Ⅱ.①中… Ⅲ.①养猪业—安全评价—研究报告—中国—2022　Ⅳ.① F326.33

中国版本图书馆CIP数据核字（2022）第209129号

2022中国生猪产业安全评估报告

| 策划编辑：崔　静 | 责任编辑：张　红 | 责任校对：王瑞瑞 | 责任出版：张志平 |

出　版　者　科学技术文献出版社
地　　　址　北京市复兴路15号　邮编 100038
编　务　部　（010）58882938，58882087（传真）
发　行　部　（010）58882868，58882870（传真）
邮　购　部　（010）58882873
官　方　网　址　www.stdp.com.cn
发　行　者　科学技术文献出版社发行　全国各地新华书店经销
印　刷　者　北京地大彩印有限公司
版　　　次　2022年11月第1版　2022年11月第1次印刷
开　　　本　889×1194　1/16
字　　　数　37千
印　　　张　3.5
书　　　号　ISBN 978-7-5189-9771-8
定　　　价　60.00元

版权所有　违法必究

购买本社图书，凡字迹不清、缺页、倒页、脱页者，本社发行部负责调换

本书得到

中国农业科学院科技创新工程（CAAS-ASTIP-2022-AII）资助，

特此致谢！

《2022 中国生猪产业安全评估报告》撰写人员名单

中国农业科学院农业信息研究所	徐　磊	三级研究员
中国农业科学院农业信息研究所	王　剑	副研究员
中国农业科学院农业信息研究所	田世英	副研究员
中国农业科学院农业信息研究所	魏同洋	工程师
中国农业科学院农业信息研究所	武　婕	副研究员
中国农业科学院农业信息研究所	宋正阳	副研究员
中国农业科学院农业信息研究所	王世玉	硕士研究生

前 言

猪粮安天下。我国既是生猪生产大国，也是猪肉消费大国，生猪产业事关国民经济的平稳运行、农民增收和城乡居民生活。2000 年以来，我国生猪产业先后出现 5 次周期性大幅波动，特别是最近一次，因 2018 年非洲猪瘟引发的供求价格大幅波动，更是成为社会关注的焦点、分析研判的难点和政府管理的重点。

2022 年中央一号文件提出，稳定生猪生产长效性支持政策，稳定基础产能，防止生产大起大落。为此，中国农业科学院农业信息研究所农业产业安全研究团队对标"四个面向""两个一流"，在担当国家战略科技力量中主动作为，创新性地构建了生猪产业安全评估指数模型，对过去 10 年生猪产业的安全形势进行客观量化评估，形成了《2022 中国生猪产业安全评估报告》，以期为国家生猪产业安全科学决策提供参考。

《2022 中国生猪产业安全评估报告》的出版得到了中国农业科学院科技创新工程（CAAS-ASTIP-2022-AII）的支持，同时对科学技术文献出版社表示衷心感谢！作为一个探索性、阶段性的科研成果，不足之处敬请各位同人批评指正。我们将持续跟踪研究，不断完善评估内容和指标体系，努力把《中国生猪产业安全评估报告》打造成为研判国家生猪产业安全的数字化智库品牌，为实现生猪稳产保供，促进经济社会生态高质量发展，发挥数据信息指导生产、引导市场、支撑决策的作用，做出我们的贡献。

2022 年 8 月

目　录

概　述 1

一、生猪产业安全评估理论与方法 7
　（一）生猪产业安全评估的内涵 9
　（二）生猪产业安全评估指标体系 10
　（三）生猪产业安全评估理论模型 15

二、2021 年生猪产业安全态势判断 19
　（一）基础保障水平稳中略降 21
　（二）市场运行形势异常严峻 22
　（三）科技支撑能力稳中有升 22
　（四）资源环境条件有所改善 23
　（五）购买力水平逐步提升 23

三、过去 10 年生猪产业安全趋势演变 25
　（一）基础保障水平趋势演变 27
　（二）市场运行形势趋势演变 29
　（三）科技支撑能力趋势演变 31
　（四）资源环境条件趋势演变 33
　（五）购买力水平趋势演变 35

四、生猪产业安全面临的重大挑战和政策建议 37
　（一）最近两轮"猪周期"的共同点 39
　（二）最近两轮"猪周期"的不同点 40
　（三）优化"熨平""猪周期"对策建议 41

附　录 43

参考文献 45

概　述

概　述

猪粮安天下，在任何时候都具有十分重要的意义。当前，保障国家生猪产业安全面临新形势、新任务。《2022 中国生猪产业安全评估报告》强化战略导向，采用定量分析方法，更加科学、系统、动态和精准地研判中国生猪产业安全的形势与特点，以期为支撑国家生猪产业安全科学决策提供参考。

本报告在完整、准确、全面贯彻新发展理念，促进生猪产业高质量发展的指引下，从基础保障水平、市场运行形势、科技支撑能力、资源环境条件和购买力水平 5 个维度对生猪产业安全的内涵进行系统化界定。本报告设置了猪肉自给率、猪肉人均占有量、生猪年末存栏量、能繁母猪年末存栏量同比增速、市场价格波动风险均值、猪粮比价、PSY（每头能繁母猪每年平均断奶仔猪数）、生猪全要素生产率、单位猪肉生产耗粮量、疫病防治费用、畜牧业固定资产投资完成额和城乡居民人均可支配收入等 14 个量化指标，同时引入了风险度量、DEA-Malmqiust-hs 模型等技术方法，构建了生猪产业安全评估指数模型。

本报告对 2012—2021 年我国生猪产业安全状况进行客观量化评估，指数分值越高，表示安全程度越高。指数分值 60～90 判定为基本安全，高于 90 为安全，低于 60 则为不安全。主要评估结论如下。

一是 2021 年我国生猪产业总体仍处于基本安全区域。2021 年，我国生猪产业安全指数分值为 82.37，较 2020 年下降 5.90 个点，降幅达到 6.68%，继续处于基本安全区域。从分项指数看，市场运行形势指数处于不安全区间，其他分项指数均处于安全区间。其中，科技支撑能力、资源环境条件和购买力水平指数的分值分别达到 95.76、97.58 和 99.00，较 2020 年分别增加 0.43、1.08 和 0.83 个点；基础保障水平较 2020 年下滑 1.41 个点，指数分值为 95.28，但市场运行形势指数分值重挫 18.57 个点，大幅回落至 50.08，同比降幅高达 27.05%。

二是过去 10 年我国生猪产业总体上处于基本安全区间，指数平均分值为 84.97，安全程度呈现震荡交替的趋势。其中，2013 年生猪产业安全指数分值攀升至峰值 94.29，成为近 10 年唯一运行在安全区间的年份；随后在基本安全区间经历连续 2 年下滑后持续 3 年反弹，2018 年指数分值达到阶段性历史高点 86.48，2019 年突然重挫 13.95 个点，跌幅达 16.13%，探底至 72.53；2020 年大幅反弹到 88.27，2021 年再次回落为 82.37。

三是过去 10 年我国生猪产业基础保障水平、科技支撑能力、资源环境条件和购买力水平 4 个维度总体处于安全区间，指数平均分值分别为 92.90、94.07、91.54 和 95.60；但市场运行形势维度总体处于基本安全区间，指数平均分值仅为 65.65。

我国生猪产业基础保障水平指数分值在 76～97，呈现偏右 V 形走势，指数运行的波峰为 2020 年（96.69），波谷出现在 2019 年（76.60），表明近 3 年波动幅度显著增大。市场运行形势指数分值在 44～97，呈现大幅震荡的走势，其中，2013 年（96.68）指数位于安全区间，而 2019 年（44.22）和 2021 年（50.08）均处于不安全区间。科技支撑能力指数分值集中在 90～98，呈现小幅波动上行的走势。资源环境条件指数分值集中在 87～98，呈现稳步上升的走势。购买力水平指数由 2012 年的 91.79 升至 2021 年的 99.00。

四是我国生猪产业安全面临"猪周期"重大挑战。从最近两轮"猪周期"的共同点看：第一，疫病成为"猪周期"的直接导火索；第二，公共政策的溢出效应或负外部性对"猪周期"的影响日趋凸显；第三，救火式频繁事后短期调控放大"猪周期"波动风险。从最近两轮"猪周期"的不同点看：第一，两轮"猪周期"面临的国内外经济环境不同；第二，两轮"猪周期"面临的外部重大挑战不同，最近一轮"猪周期"同时叠加新冠肺炎疫情和非洲猪瘟，导致猪肉价格成倍上涨，顶破天花板，并且演绎为"超级猪周期"；第三，资本介入使得"猪周期"开始发生前所未有的变化；第四，生猪行业调控政策靶向"超级猪周期"。

立足当前，着眼未来。必须把"熨平""猪周期"作为确保生猪产业安全的重中之重。一是围绕建立生猪生产逆周期调控机制，坚持目标导向、问题导向，尤其要紧盯疫情防控、能繁母猪存栏量和仔猪价格；二是充分考虑公共政策效应的冗余和缺口，根据平衡环保和将生猪产能稳定在合理水平上的战略"相向而行"；三是围绕"稳产保供"规范和引导资本发展，把握好政策调控的时机、力度和范围；四是建立健全一体化市场风险管理体系，通过政企联动、银保联动、期保联动，全面保障生猪养殖户特别是中小散户收入的稳定。

一、生猪产业安全评估理论与方法

猪粮安天下。现阶段，保障国家生猪产业安全面临诸多困难和挑战，通过开展生猪产业安全评估，全面、系统、准确地把握生猪产业安全核心问题，更加科学、系统、动态和精准地研判中国生猪产业安全形势，为国家生猪产业安全科学决策提供参考依据，具有十分重要的理论和实践意义。

（一）生猪产业安全评估的内涵

目前，学术界尚未对生猪产业安全的概念形成统一的定义，借鉴联合国粮农组织（FAO）2001年关于粮食安全的基本定义，即"所有人在任何时候都能通过物质、社会和经济手段获得充足、安全和有营养的食物，以满足其积极和健康生活的膳食需要及粮食偏好"，不难发现，最大限度地确保猪肉充分供给，将生猪产业主动权牢牢把握在自己手里，成为生猪产业安全的基本内涵和必须坚守的重要底线。长期以来，我国高度重视生猪产业发展，在政策带动和市场拉动下，生猪生产能力持续增强。进入21世纪，我国生猪产业先后出现5次周期性大幅波动，特别是最近一次，产能降幅之深和价格涨幅之大前所未有；同时应当看到，国际贸易不确定性增加、重大疫病影响短期内难以消除及环境保护压力长期存在，都将给生猪产业带来巨大的风险挑战，影响整个产业的健康可持续发展，保障国家生猪产业安全面临更大压力和诸多挑战。总体来看，不能单纯以猪肉产量增长或自给率来判断产业安全的状况，生猪产业安全内涵需要拓展和延伸。

综合国内外有关研究的观点，本报告在对我国生猪产业发展现状客观认识的基础上，从完整、准确、全面贯彻新发展理念，促进生猪产业高质量发展的全局和战略高度来重新审视和把握生猪产业安全的内涵。根据农业农村部、国家发展改革委、财政部、生态环境部、商务部、银保监会等六部门发布的《关于促进生猪产业持续健康发展的意见》（农牧发〔2021〕24号），坚持目标导向、问题导向，紧紧围绕"产出高效、产品安全、资源节约、环境友好、调控有效的生猪产业高质量发展新格局"，本报告从5个维度对生猪产业安全的内涵进行系统化并赋予新特征。

一是生猪产业基础保障水平，确保猪肉充分供给；二是生猪产业市场运行形势，确保猪肉、生猪、仔猪及饲料粮市场运行基本稳定；三是生猪产业科技支撑能力，确保科技创新为生猪产业全链赋能蓄势；四是生猪产业资源环境条件，确保资源环境能够承载生猪产业绿色可持续发展，加快补齐生猪产业发展的短板和弱项；五是生猪产品购买力水平，确保城乡居民能够买得起所需的足够猪肉及其制品。

（二）生猪产业安全评估指标体系

本报告主要遵循以下原则构建生猪产业安全评估指标体系：一是选择的指标能够全面、有效地衡量和评价当前生猪产业安全状况及生猪产业安全程度；二是选择的指标能够反映生猪安全宏观调控，以便对生猪产业不安全因素进行必要的管控调整；三是选择的指标能够反映影响生猪产业安全的主要因素，以便合理地预测预警未来生猪产业安全态势。

此次评估所构建的生猪产业安全评估指标体系由基础保障水平、市场运行形势、科技支撑能力、资源环境条件、购买力水平5个二级指标及其相应的14个三级指标构成，指标体系的具体内容和作用方向[①]如表1所示。

---

① 指标权重根据专家判断和计算机模拟效果予以确定。

一、生猪产业安全评估理论与方法

表1 生猪产业安全评估指标体系

一级指标	二级指标	三级指标	作用方向
生猪产业安全（Y）	1. 基础保障水平（B1）	猪肉自给率（C1）	正向
		猪肉人均占有量（C2）	正向
		生猪年末存栏量（C3）	正向
		能繁母猪年末存栏量同比增速（C4）	正向
	2. 市场运行形势（B2）	猪肉市场价格波动风险均值（C5）	负向
		生猪市场价格波动风险均值（C6）	负向
		仔猪市场价格波动风险均值（C7）	负向
		猪粮比价（C8）	正向
	3. 科技支撑能力（B3）	PSY（每头能繁母猪每年平均断奶仔猪数）（C9）	正向
		生猪全要素生产率（C10）	正向
	4. 资源环境条件（B4）	单位猪肉生产耗粮量（C11）	负向
		疫病防治费用（C12）	正向
		畜牧业固定资产投资完成额（C13）	正向
	5. 购买力水平（B5）	城乡居民人均可支配收入（C14）	正向

1. 生猪产业基础保障水平指标

猪肉自给率（C1）是指某年猪肉总产量（D1）与总消费量（D2）的比值。计算公式为[①]：

$$C1 = \frac{D1}{D2} \times 100\% 。 \quad (1)$$

猪肉人均占有量（C2）是指某年猪肉总产量（D1）与年末总人口数（D3）的比值，单位为千克/人。计算公式为[②]：

$$C2 = \frac{D1}{D3} \times 100\% 。 \quad (2)$$

---

① 资料来源：根据《中国农村统计年鉴》、国家统计局官网和OECD官网数据整理。

② 资料来源：根据国家统计局官网数据整理。

生猪年末存栏量（C3）是指在年末特定时间节点的全部生猪饲养头数，包含公猪、母猪、仔猪和育肥猪，该指标为观测性变量[①]。

能繁母猪年末存栏量同比增速（C4）是指本年末能繁母猪存栏量（$D4_i$）相较于上一年度能繁母猪存栏量（$D4_{i-1}$）的增长程度。计算公式为[②]：

$$C4 = \frac{D4_i - D4_{i-1}}{D4_{i-1}} \times 100\% \text{。} \quad (3)$$

2. 生猪产业市场运行形势指标

猪肉市场价格波动风险均值（C5）是指用数据拟合的猪肉价格波动率为x_{mi}的概率p_{mi}与猪肉价格波动率x_{mi}的期望值。c为区间长度，$f(x_{mi})$是用数据拟合猪肉市场价格波动率的概率分布得到的概率分布函数。计算公式为[③]：

$$C5 = \sum_{i=1}^{n} p_{mi} \times x_{mi} \text{；} \quad (4)$$

$$p_{mi} = c \times f(x_{mi}) \text{。} \quad (5)$$

生猪市场价格波动风险均值（C6）是指用数据拟合的生猪价格波动率为x_{pi}的概率p_{pi}与生猪价格波动率x_{pi}的期望值。c为区间长度，$f(x_{pi})$是用数据拟合生猪市场价格波动率的概率分布得到的概率分布函数。计算公式为[④]：

$$C6 = \sum_{i=1}^{n} p_{pi} \times x_{pi} \text{；} \quad (6)$$

$$p_{pi} = c \times f(x_{pi}) \text{。} \quad (7)$$

仔猪市场价格波动风险均值（C7）是指用数据拟合的仔猪价格波动率为x_{zi}的概率p_{zi}与仔猪价格波动率x_{zi}的期望值。c为区间长度，$f(x_{zi})$是用数据

---

① 资料来源：根据历年《中国畜牧业年鉴》、国家统计局官网数据整理。
② 资料来源：根据历年《中国畜牧业年鉴》数据整理。
③ 资料来源：根据农业农村部畜牧业司全国480个集贸市场畜禽产品和饲料价格定点监测周度数据平均计算得出。
④ 资料来源：根据历年《中国农产品价格调查年鉴》和国家发展改革委官网数据整理计算得出。

拟合仔猪市场价格波动率的概率分布得到的概率分布函数。计算公式为①：

$$C7 = \sum_{i=1}^{n} p_{zi} \times x_{zi} ; \tag{8}$$

$$p_{zi} = c \times f(x_{zi}) 。 \tag{9}$$

猪粮比价（C8）是指某年全国生猪收购价格与粮食收购价格之间的比例关系②。

猪粮比价用来反映生猪生产实际情况和市场客观变化，越高说明养殖利润越好，反之则越差。根据猪粮比价判断生猪养殖盈亏的平衡标准并不是一成不变的。近年来，我国生猪生产和市场形势发生深刻变化，生猪养殖规模化、标准化程度不断提高，加之饲料粮价格持续变化，猪粮比价关系及其盈亏平衡点也发生了新变化。在2012年、2015年的《缓解生猪市场价格周期性波动调控预案》及2021年的《完善政府猪肉储备调节机制　做好猪肉市场保供稳价工作预案》中，猪粮比价分别为6∶1、5.51∶1～5.81∶1、约7∶1。

3. 生猪产业科技支撑能力指标

每头能繁母猪每年平均断奶仔猪数（C9）简称PSY，是指一年度内单头母猪平均生产并存活至断奶后的仔猪数量。PSY是一个综合指标，直接反映了生猪养殖场母猪的繁殖能力，特别是妊娠母猪、哺乳母猪的管理水平；同时，该数据直接影响仔猪的成本，是影响生猪养殖成本的另一大关键因素。随着环保压力、成本压力的增加，以及价格周期的影响，通过提高母猪PSY来提高生猪养殖水平成为衡量生猪科技支撑能力的关键指标。该指标为观测性变量③。

生猪全要素生产率（C10）是指生猪产业在某年内产出与土地、劳动力、

---

① 资料来源：根据历年《中国农产品价格调查年鉴》整理计算得出。
② 资料来源：根据国家发展改革委官网数据整理得出。
③ 资料来源：根据布瑞克咨询数据整理得出。

资本等要素投入成本的比值,利用 DEA-Malmqiust-hs 模型进行测量。计算方法如下[①]。

生猪产业在 t 时期相对于 s 时期($s=2012$)的 TFP 指数计算公式为:

$$TFP_{s,t} = \frac{TFP_t}{TFP_s} = \frac{Q_t / X_t}{Q_s / X_s} = \frac{Q_{s,t}}{X_{s,t}} \text{。} \tag{10}$$

其中,Q_t 代表生猪产业在 t 时期的平均产出,Q_s 代表生猪产业在 s 时期的平均产出。X_t 代表生猪产业在 t 时期的平均投入,X_s 代表生猪产业在 s 时期的平均投入。$Q_{s,t} = Q_t / Q_s$,代表产出量指数,$X_{s,t} = X_t / X_s$,代表投入量指数。

$D_O(\cdot)$ 和 $D_I(\cdot)$ 分别代表 Shepard 产出距离函数及投入距离函数(产出距离函数表示产出向量能够向生产前沿面扩张的程度,投入距离函数表示投入向量能够向生产前沿面缩减的程度),则 Malmquist-hs 指数法计算 TFP 指数的公式可以表示为:

$$C10 = TFP_{s,t} = \frac{D_O(X_s, Q_t, s)}{D_O(X_s, Q_s, s)} \frac{D_I(X_s, Q_s, s)}{D_I(X_t, Q_s, s)} \text{。} \tag{11}$$

4. 生猪产业资源环境条件指标

单位猪肉生产耗粮量($C11$)是指某年每生产 1 千克猪肉所需要的平均饲料粮数量。计算公式为[②]:

$$C11 = \sum_{i=1}^{4} \varepsilon_i \frac{\mu_i}{\sigma_i} \text{。} \tag{12}$$

其中,μ_1、μ_2、μ_3 和 μ_4 分别代表散养、小规模、中规模和大规模生猪养殖在特定年度消耗粮食的总量;σ_1、σ_2、σ_3 和 σ_4 分别代表散养、小规模、中规模和大规模生猪养殖在特定年度产出猪肉的总量;ε_1、ε_2、ε_3 和 ε_4 分别代表散养、小规模、中规模和大规模生猪养殖在特定年度在生猪养殖中所占的比例。

---

① 资料来源:《全国农产品成本收益资料汇编》(2011—2020 年)。2021 年生猪全要素生产率是运用指数平滑法预估的数据。

② 资料来源:《全国农产品成本收益资料汇编》(2011—2020 年)。2021 年单位猪肉生产耗粮量是运用指数平滑法预估的数据。

疫病防治费用（C12）是指特定年度养殖户每头生猪医疗防疫的平均投入费用，该指标为观测性变量[①]。

畜牧业固定资产投资完成额（C13）是指以货币形式表现的畜牧业固定资产建设完成的工作量，是反映固定资产投资规模的综合性指标，该指标为观测性变量[②]。

5. 生猪产品购买力水平指标

城乡居民人均可支配收入（C14）是指某年我国城乡居民每人可以自由支配消费的平均货币额度，用来衡量居民生活水平的变化情况，该指数为观测性变量[③]。

（三）生猪产业安全评估理论模型

1. 评估模型

首先对生猪产业安全评估指标体系中的14个三级指标的原始值分别进行指标无量纲归一化处理。其中，正向指标采用取对数方法进行无量纲归一化处理，负向指标采用"倒数+对数"方法进行无量纲归一化处理。无量纲化是为了消除多指标综合评价中计量单位上的差异和指标数值的数量级、相对数的形式差别，解决指标的可综合性问题。指标权重由专家主观赋权确定。

生猪产业安全总指数（Y）的计算公式为：

[①] 资料来源：根据《全国农产品成本收益资料汇编》中的相关数据整理，由规模猪场和散养农户医疗防疫支出按比例平均测算得出。

[②] 资料来源：根据国家统计局官网数据整理，2018年以后，由于国家统计局不再直接公布此类数据，根据历史数据和国家统计局公布的增长率数据测算得出。

[③] 资料来源：根据国家统计局官网数据整理。

$$Y = \sum_{l=1}^{14} W_l C_l 。 \tag{13}$$

其中，W_l 为权重，C_l 为三级指标，$l = 1 \sim 14$。

二级指标 B_i 的计算：

当 $i=1$ 时，$B_1 = \sum_{l=1}^{4} \beta_l C_l$，其中 $\beta_1 = \beta_2 = \beta_3 = \beta_4 = \frac{1}{4}$；

当 $i=2$ 时，$B_2 = \sum_{l=5}^{8} \beta_l C_l$，其中 $\beta_5 = \beta_6 = \beta_7 = \beta_8 = \frac{1}{4}$；

当 $i=3$ 时，$B_3 = \sum_{l=9}^{10} \beta_l C_l$，其中 $\beta_9 = \beta_{10} = \frac{1}{2}$；

当 $i=4$ 时，$B_4 = \sum_{l=11}^{13} \beta_l C_l$，其中 $\beta_{11} = \beta_{12} = \frac{3}{10}$，$\beta_{13} = \frac{2}{5}$；

当 $i=5$ 时，$B_5 = \sum_{l=14}^{14} \beta_l C_l$，其中 $\beta_{14} = 1$。

其中，β_l 为权重；C_l 为三级指标；B_1、B_2、B_3、B_4、B_5 分别代表生猪产业的基础保障水平指数、市场运行形势指数、科技支撑能力指数、资源环境条件指数和购买力水平指数的得分。

2. 指数区间定义

生猪产业安全指数（Y）是我国生猪产业安全状况的指标，用于综合衡量我国生猪产业安全状况。基础保障水平指数（B_1）是用来衡量我国猪肉供给"够不够"的指标，由猪肉自给率、猪肉人均占有量、生猪年末存栏量和能繁母猪年末存栏量同比增速构成。市场运行形势指数（B_2）是用来衡量我国生猪市场运行"稳不稳"的指标，由猪肉市场价格波动风险均值、生猪市场价格波动风险均值、仔猪市场价格波动风险均值和猪粮比价构成。科技支撑能力指数（B_3）是用来衡量科技创新支撑我国生猪产业安全"能力大小"的指标，由 PSY（每头能繁母猪每年平均断奶仔猪数）和生猪全要素生产率构成。资源环境条件指数（B_4）是用来衡量我国资源环境"能否承载"生猪产业安全的指标，由单位猪肉生产耗粮量、疫病防治费用和畜牧业固定资产投资完成额构成。购买力水平指数（B_5）是用来衡量城乡居民"能否买得起"的指标。

以上指数越高，表示安全程度越高。指数分值60～90判定为基本安全区间，高于90视为安全，低于60则为不安全（表2）。

表2 生猪产业安全指数区间定义

指数	安全	基本安全	不安全
产业安全总指数	大于90	60～90	小于60
基础保障水平指数	大于90	60～90	小于60
市场运行形势指数	大于90	60～90	小于60
科技支撑能力指数	大于90	60～90	小于60
资源环境条件指数	大于90	60～90	小于60
购买力水平指数	大于90	60～90	小于60

二、2021年生猪产业安全态势判断

二、2021年生猪产业安全态势判断

2021年,我国生猪产业安全指数继续运行在基本安全区域,分值为82.37,较2020年下降5.90个点,降幅达到6.68%。

从分项指数看,市场运行形势指数处于不安全区间,其他分项指数均处于安全区间。其中,科技支撑能力、资源环境条件和购买力水平指数的分值分别达到95.76、97.58和99.00,较2020年分别增加0.43、1.08和0.83个点;基础保障水平较2020年下滑1.41个点,指数分值为95.28;值得关注的是,市场运行形势指数分值重挫18.57个点,大幅回落至50.08,同比降幅高达27.05%(图1)。

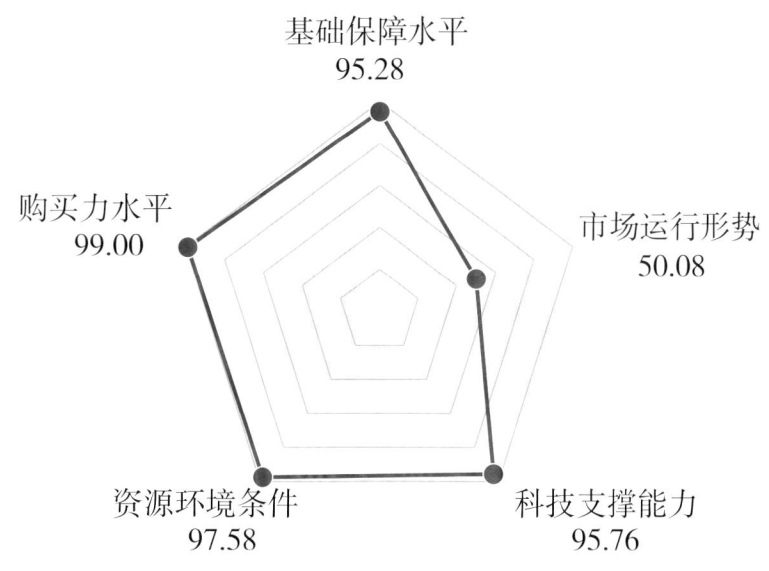

图1 2021年生猪产业安全分项指数

(资料来源:中国农业科学院农业信息研究所农业产业安全研究团队)

(一)基础保障水平稳中略降

在稳产保供各项政策措施的持续作用下,2021年,我国猪肉产量和人均占有量分别达到5296万吨和37.49千克,较2020年分别增长28.80%和28.69%,推动我国猪肉自给率上升至100.54%,处于过去10年较高水平;

同时，随着新增和改扩建养殖场生猪产能的持续释放，2021年我国生猪年末存栏量达到44 922万头，同比增长10.5%，已基本恢复至常年状态的90%以上。需要注意的是，2021年我国能繁母猪年末存栏量增速明显放缓，相对于2020年高达35.08%的增速，全年增速回落为4.00%，下降至过去10年中等水平。

（二）市场运行形势异常严峻

受全球新冠肺炎疫情持续影响，猪肉及其制品消费不及预期，2021年市场总体上疲态尽显，猪价跌幅大、时间长，特别是6—10月，猪粮比价持续跌破7∶1的盈亏平衡点，养殖亏损一度超过1000元/头，虽然全年猪粮比达到7.47∶1，但较2020年（14.83∶1）降幅高达49.63%。与此同时，2021年我国猪肉、生猪和仔猪的市场价格月度间波动风险均值同步放大至3.92%、4.05%和7.48%，分别较2020年增加了3.88、3.44和5.41个百分点，增幅均超过了200%，成为过去10年生猪产业市场运行风险异常突出的一年。

（三）科技支撑能力稳中有升

2021年，我国进一步加强猪种质资源创新与利用等应用基础研究，加快生猪育种新材料创制，加大生猪科学技术应用，PSY（每头能繁母猪每年平均断奶仔猪数）快速恢复至17.98，同比增长2.57%，稳居过去10年的第二历史高位。同时，稳定财政、金融、用地等长效性支持政策赋能生猪产业，支撑2021年生猪产业平均全要素生产率稳定在1.08（2010年设定为基期，基期值为1.00），与2020年基本持平，处于过去10年的中等水平。

（四）资源环境条件有所改善

受前两年猪价飙升影响，2021年上半年部分养殖户选择继续看涨猪价，出现不同程度的压栏现象，"增肉不增猪"导致全年每千克猪肉耗粮量进一步增至1.95千克，虽然较2020年仅增加0.01千克，增幅为0.52%，但从资源消耗的角度看，已攀升至过去10年的峰值。2021年，我国畜牧业固定资产投资完成额达到14 317.88亿元，较2020年增幅达22.91%，有效提振生猪产业资源环境条件的改善；同时，生猪养殖疫病防治条件也水涨船高，全年平均每头猪疫病防治支出金额达到24.57元，较2020年增加0.69元，增幅为2.89%，均处于过去10年的最好水平。

（五）购买力水平逐步提升

2021年，我国城乡居民人均可支配收入达到35 128元，较2020年增长9.13%。同时，伴随着生猪总体产能快速回升、猪肉价格显著回落，城乡居民猪肉购买力水平升至过去10年的最高水平。

三、过去 10 年生猪产业安全趋势演变

三、过去 10 年生猪产业安全趋势演变

过去 10 年,我国生猪产业总体上处于基本安全区间,且安全程度呈现震荡交替的趋势。其中,2013 年生猪产业安全指数分值攀至峰值 94.29,成为唯一运行在安全区间的年份;随后在基本安全区间经历连续 2 年下滑后持续 3 年反弹,2018 年指数分值达到阶段性历史高点 86.48,2019 年突然重挫 13.95 个点,跌幅达 16.13%,探底至 72.53;2020 年大幅反弹到 88.27,但 2021 年再次回落为 82.37(图 2)。

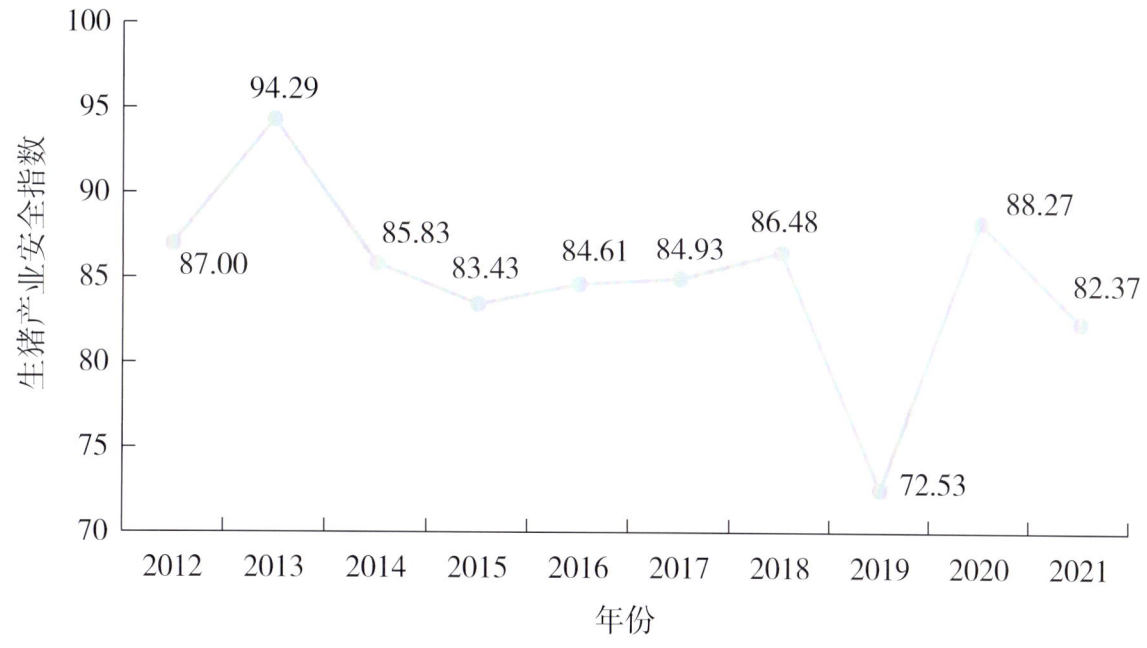

图 2　2012—2021 年我国生猪产业安全指数

(资料来源:中国农业科学院农业信息研究所农业产业安全研究团队)

(一)基础保障水平趋势演变

2012—2021 年,我国生猪产业基础保障水平指数总体处于安全区间,分值在 76~97,呈现偏右 V 形走势。其中,指数运行的波峰为 2020 年(96.69),波谷出现在 2019 年(76.60),表明近 3 年波动幅度显著增大(图 3)。

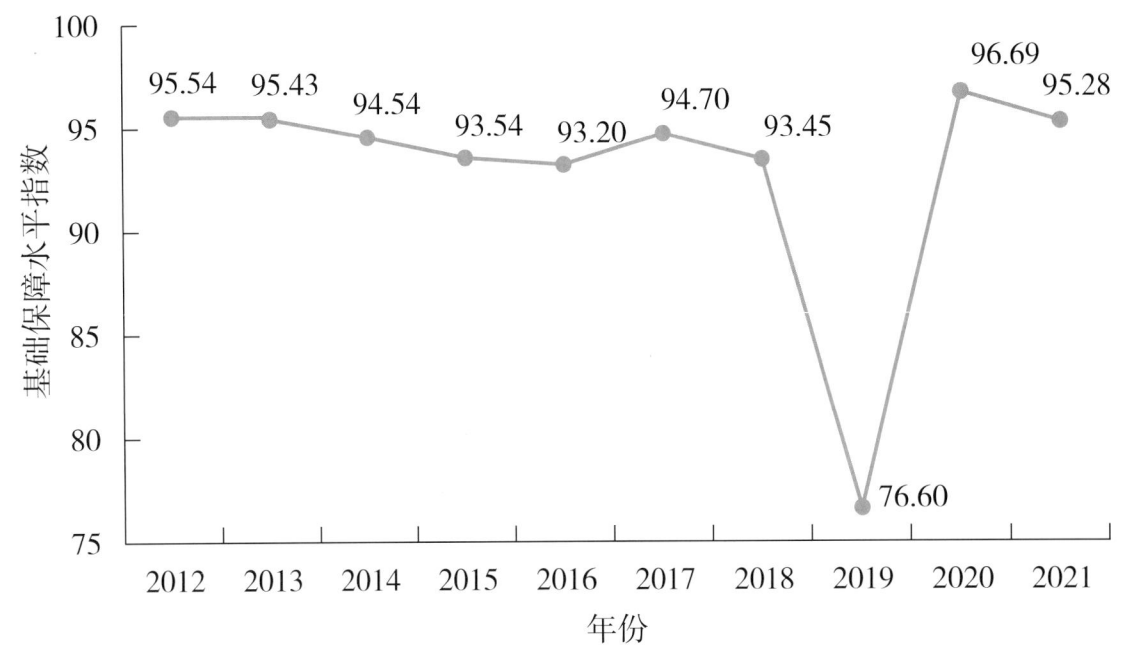

图3 2012—2021年我国生猪产业基础保障水平指数

（资料来源：中国农业科学院农业信息研究所农业产业安全研究团队）

2012—2018年，我国生猪年末存栏量和能繁母猪年末存栏量同比增速分别从48 030.2万头和2.68%震荡下行至42 817.10万头和-4.71%，使得我国猪肉自给率和人均占有量稳中略降至97.57%和38.73千克，生猪产业基础保障水平指数相应从95.54下滑至93.45，降幅为2.19%。2019年，主要受非洲猪瘟等不利因素的冲击，我国生猪产能和供给进一步呈现断崖式下降态势，生猪年末存栏量和能繁母猪年末存栏量同比增速骤降至31 040.70万头和-27.70%，生猪产业基础保障水平指数被直接拉低探底至76.60。2020—2021年，在生猪恢复生产一揽子政策的加持下，生猪产能和供给快速恢复，特别是2020年，虽然猪肉自给率和人均占有量依旧惯性下滑，但能繁母猪年末存栏量同比增速达到创纪录的35.08%，生猪年末存栏量也恢复至40 650万头，我国生猪产业基础保障水平指数随之上行至高点96.69（图4）。

三、过去 10 年生猪产业安全趋势演变

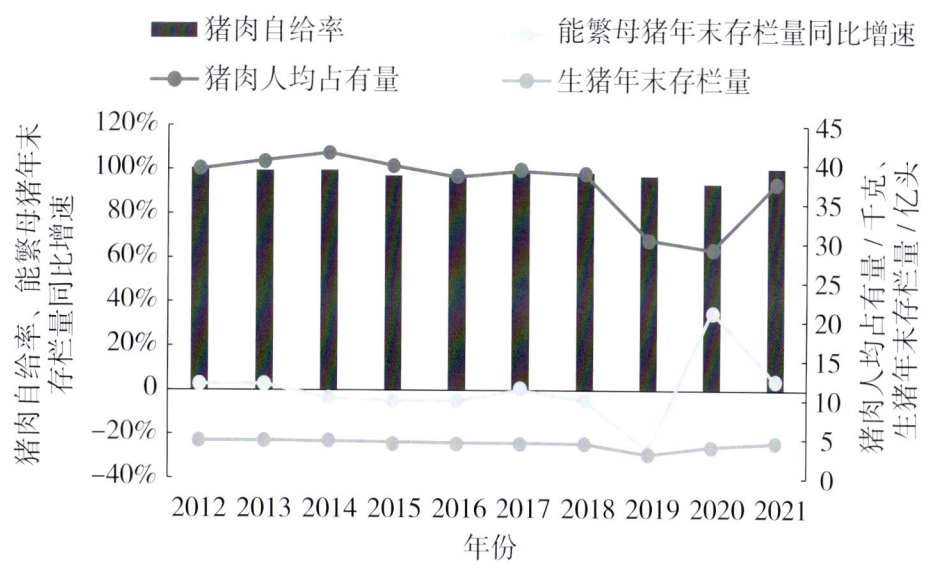

图 4 2012—2021 年我国生猪产业基础保障水平分项指标

（二）市场运行形势趋势演变

2012—2021 年，我国生猪产业市场运行形势指数总体处于基本安全区间，分值在 44～97，呈现大幅震荡的走势。其中，2013 年指数（96.68）位于安全区间，而 2019 年指数（44.22）和 2021 年指数（50.08）运行在不安全区间（图 5）。

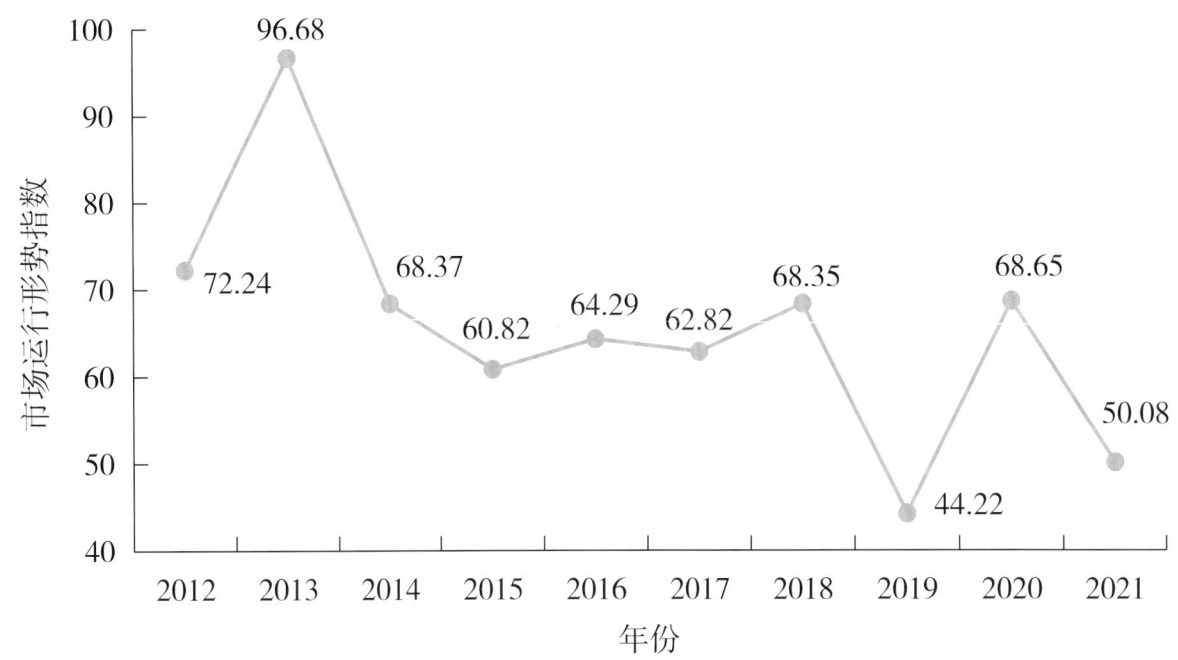

图 5　2012—2021 年我国生猪产业市场运行形势指数

（资料来源：中国农业科学院农业信息研究所农业产业安全研究团队）

2013 年，我国猪肉市场供需相对宽松，全年猪粮比价为 6.14∶1，略高于盈亏平衡点，但猪肉、生猪和仔猪市场价格月度间波动风险均值均处于历史低位，分别为 0.07%、0.01% 和 0.08%，从而推动市场运行形势指数攀至过去 10 年的峰值 96.68。2014—2019 年，随着生猪养殖去产能步伐的加快，市场供需形势日趋偏紧，猪粮比价快速震荡上行；特别是 2019 年，因非洲猪瘟疫情和环保等诸多不利因素叠加，我国生猪供给大幅下降，猪肉价格快速成倍上涨，全年猪粮比价达到 10.15∶1，较 2013 年增长 65.31%。生猪养殖利润大幅增加的同时，市场风险凸显，猪肉、生猪和仔猪市场月度间波动风险均值被放大至 6.99%、5.20% 和 9.26%，分别较 2013 年提升了 6.92、5.19 和 9.18 个百分点，造成我国生猪市场运行形势指数从安全区间逐步震荡下行至不安全区间，指数触底为 44.22。得益于 2020 年各项"稳产保供"措施的出台与落地，生猪产能和供给快速恢复，2020 年我国生猪市场运行形势指数反弹至 68.65，较 2019 年增长 55.3%；但随后受全球新冠肺炎疫情的影响，猪粮比价，猪肉、生猪和仔猪市场月度间波动风险均值呈高位震荡态势，导致 2021 年指数第 2 次探底，回调为 50.08（图 6）。

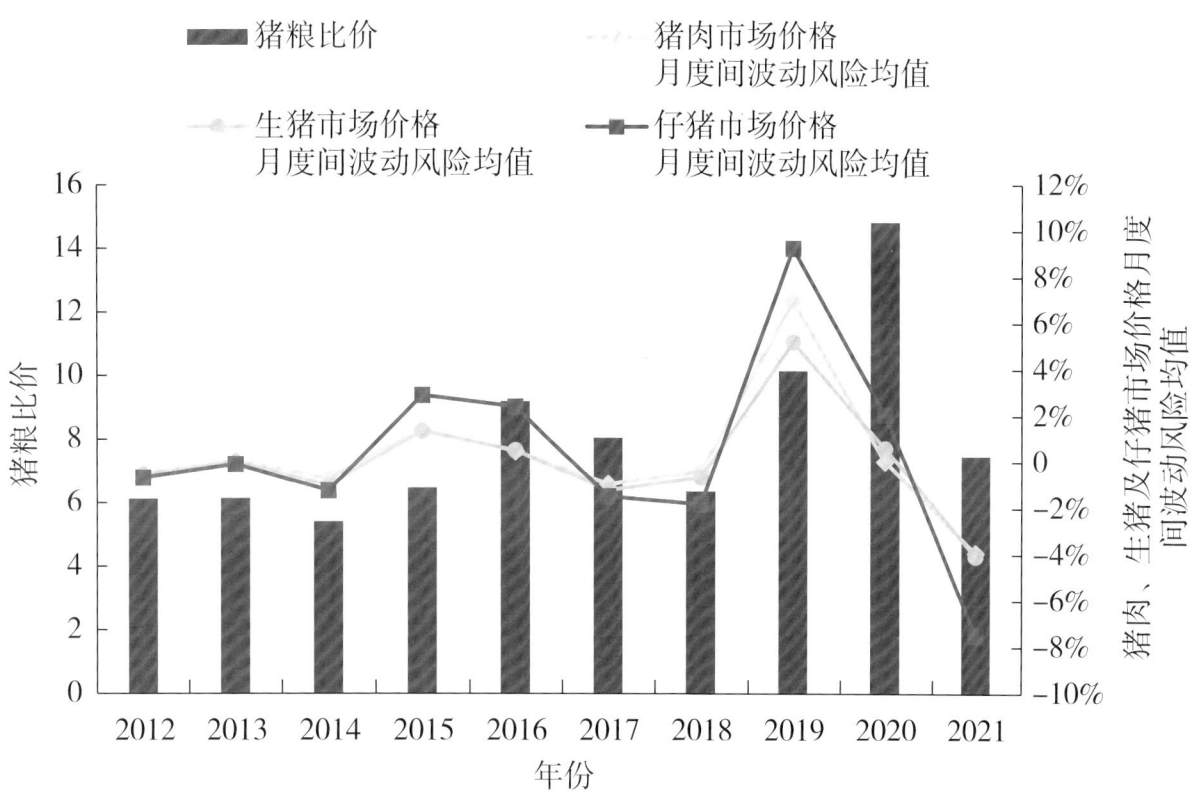

图 6　2012—2021 年我国生猪产业市场运行形势分项指标

（三）科技支撑能力趋势演变

2012—2021 年，我国生猪产业科技支撑能力指数总体运行在安全区间，分值集中在 90～98，呈现小幅波动上行的走势（图 7）。

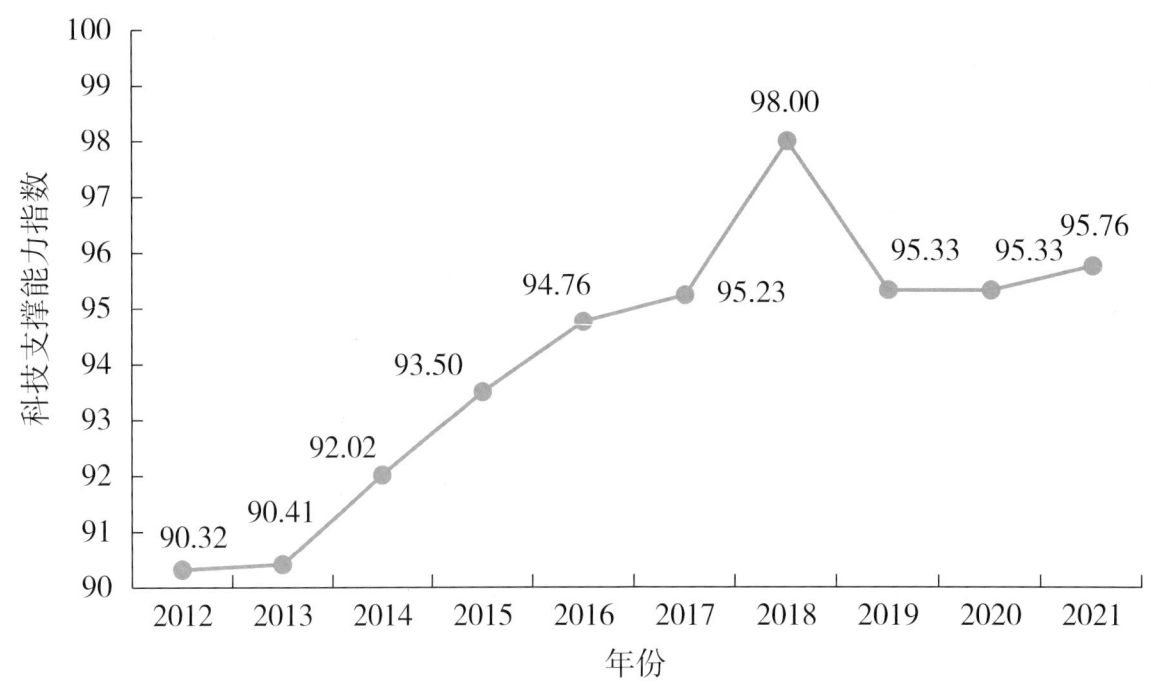

图 7　2012—2021 年我国生猪产业科技支撑能力指数

（资料来源：中国农业科学院农业信息研究所农业产业安全研究团队）

2012—2018 年，我国生猪产业标准化规模养殖发展步伐加快，种业发展基础进一步巩固，各类疫苗研发、统防统治等先进疫病防治和养殖技术大量涌现，有效推动 PSY（每头能繁母猪每年平均断奶仔猪数）和生猪全要素生产率从 2012 年的 13.15 和 1.08（2010 年设定为基期，基期值为 1.00）逐步增加到 2018 年的 18.02 和 1.34，增幅分别达到 37.03% 和 24.07%，推动科技支撑能力指数攀至过去 10 年的最高点 98.00，较 2012 年增加 7.68 个点。2019 年，受非洲猪瘟疫情叠加环保压力增大的影响，养殖成本的提高在一定程度上也对养殖户应用新品种、新技术，以及养殖效率持续提高有所制约，PSY（每头能繁母猪每年平均断奶仔猪数）和生猪全要素生产率分别回落到 17.65 和 1.07，导致我国生猪产业科技支撑能力指数在经历连续 8 年上行后首次下滑为 95.33。2020—2021 年，出台了一些生猪稳产保供的利好政策，我国生猪产业科技支撑能力指数有所反弹，但受新冠肺炎疫情的冲击，仍未达到 2018 年的水平（图 8）。

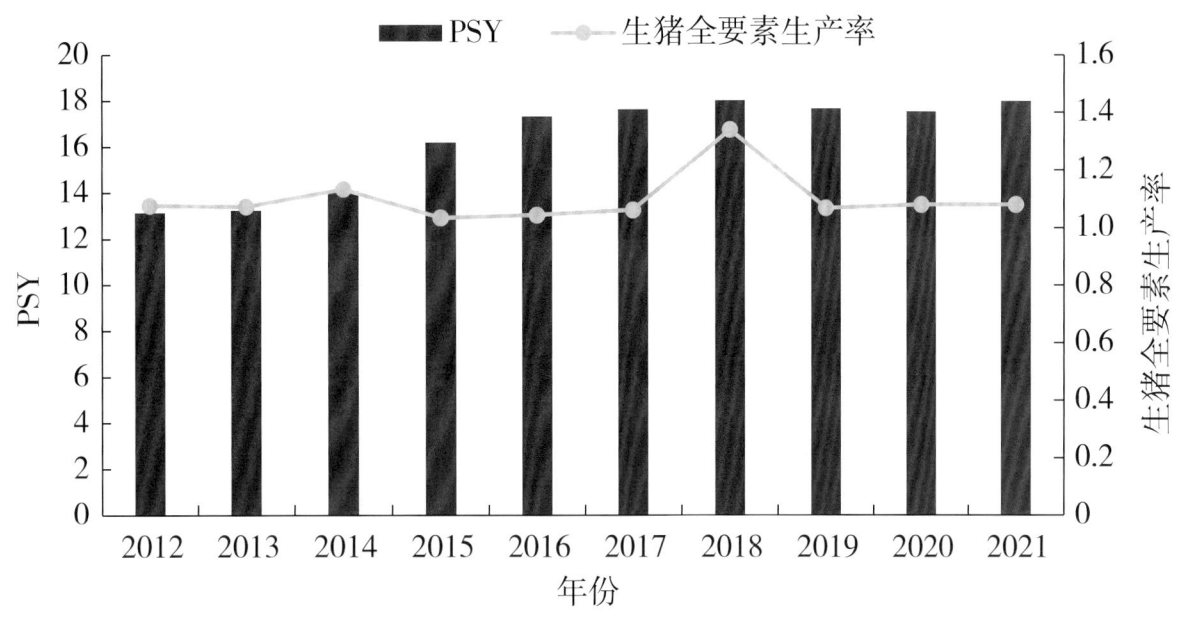

图 8　2012—2021 年我国生猪产业科技支撑能力分项指标

（四）资源环境条件趋势演变

2012—2021 年，我国生猪产业资源环境条件指数总体运行在安全区间，分值集中在 87～98，呈现稳步上升的走势。其中，2012—2015 年指数位于基本安全区间，2016—2021 年指数位于安全区间（图 9）。

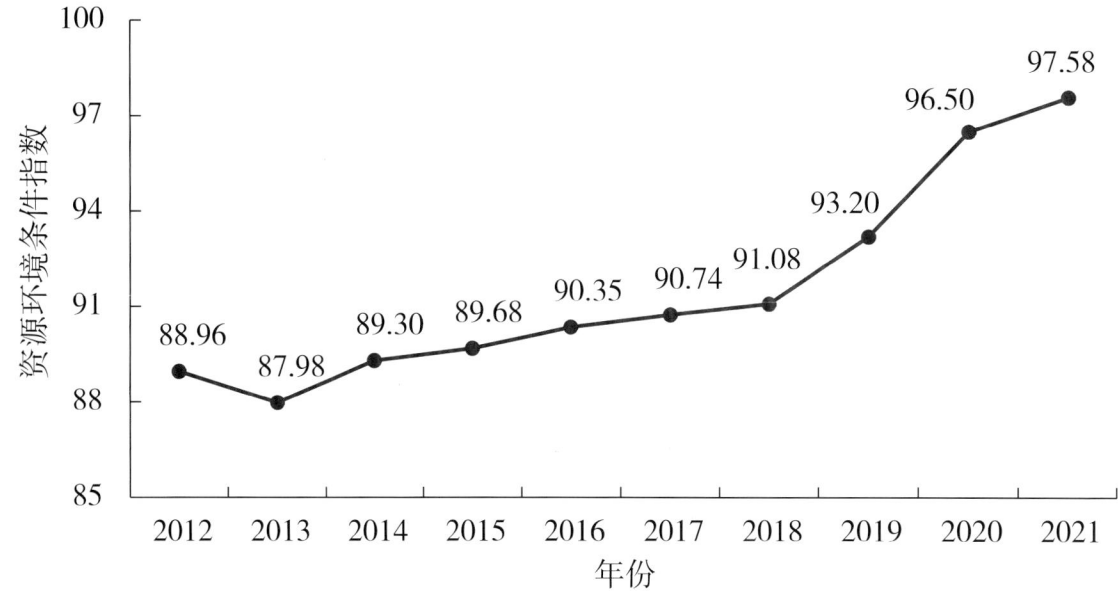

图 9　2012—2021 年我国生猪产业资源环境条件指数

（资料来源：中国农业科学院农业信息研究所农业产业安全研究团队）

2012—2021 年，围绕加快推进畜牧业现代化，大力推进质量兴牧、绿色兴牧，全面提升畜牧业质量效益竞争力，我国畜牧业固定资产投资完成额从 3913.60 亿元增加到 14 317.88 亿元，增幅高达 265.85%；与此同时，伴随着畜牧业疫病防治设施及服务的大幅改善，养殖户疫病防治意识进一步增强，推动生猪疫病防治费用逐年提高，2021 年养殖户疫病防治费用为 24.57 元/头，较 2012 年增长了 45.97%，共同推动我国生猪资源环境条件指数由 2012 年的 88.96 攀升至 2021 年的 97.58 高位。此外，从资源消耗的角度看，由于城乡居民对猪肉品质改善需求的持续增强，过去 10 年间，单位猪肉生产耗粮量持续走高。我国每千克猪肉生产耗粮量已从 2012 年的 1.86 千克增加到 2021 年的 1.95 千克，平均每年增幅为 0.54%，但总体而言对生猪产业资源环境条件指数上行的影响有限（图 10）。

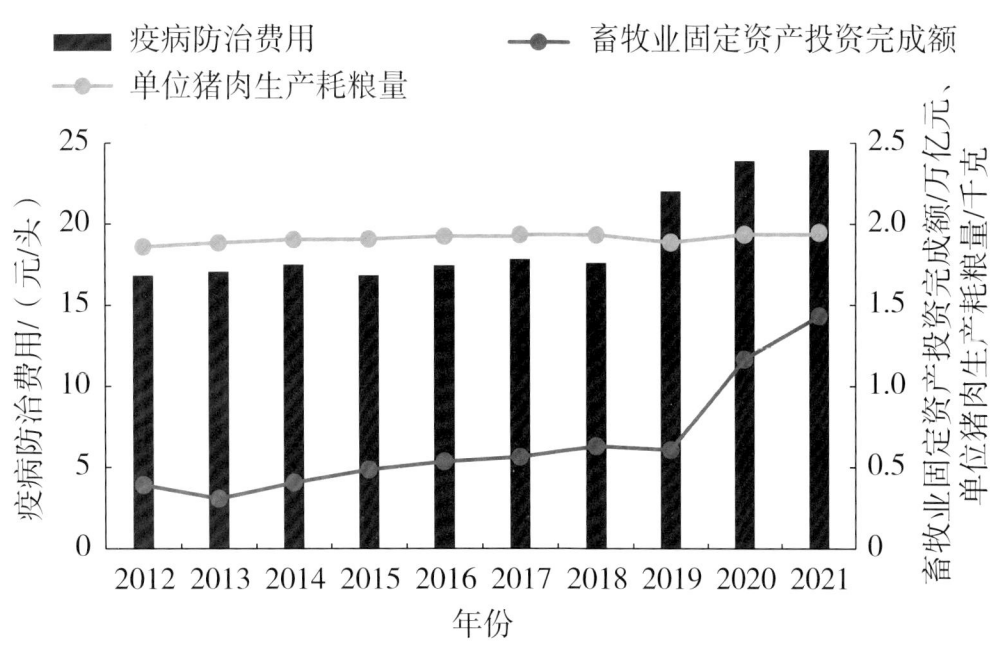

图10 2012—2021年我国生猪产业资源环境条件分项指标

（五）购买力水平趋势演变

2012—2021年，我国城乡居民人均可支配收入水平增长较快，推动我国生猪产品购买力水平指数由91.79升至99.00，增幅为7.85%，表明"保证任何人在任何时候既能买得到又能买得起为维持生存和健康所必需的足够食品"的购买力水平已经整体迈上新的台阶，脱贫攻坚和全面建成小康社会取得了伟大成就（图11）。

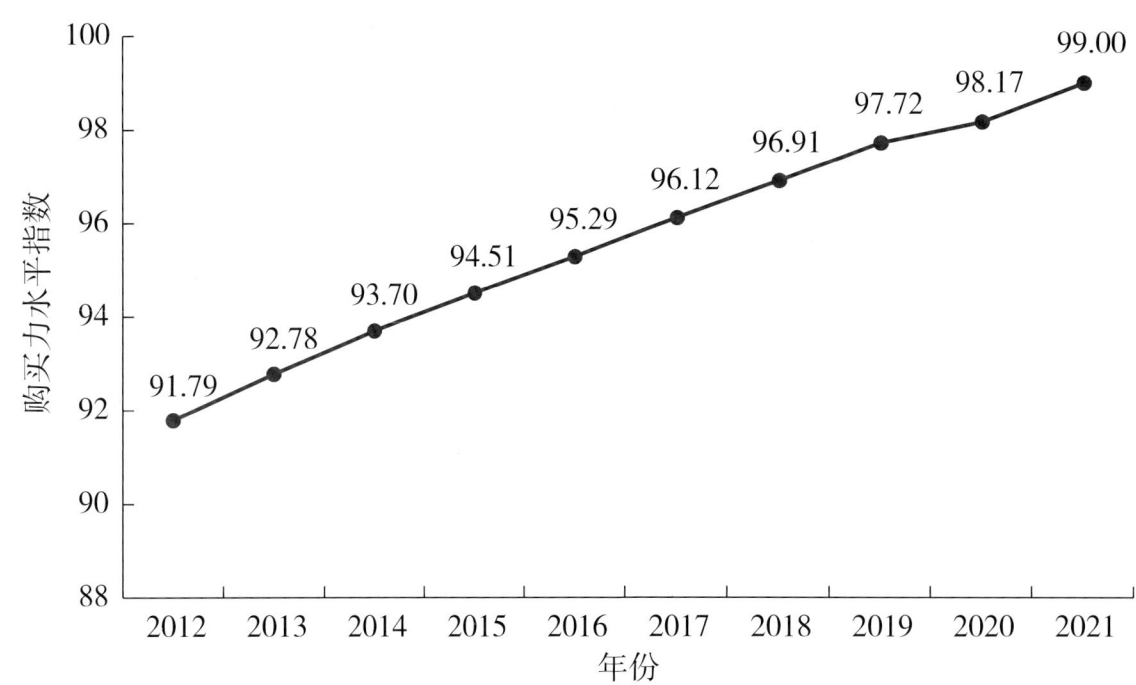

图 11　2012—2021 年我国生猪产业购买力水平指数

（资料来源：中国农业科学院农业信息研究所农业产业安全研究团队）

四、生猪产业安全面临的重大挑战和政策建议

四、生猪产业安全面临的重大挑战和政策建议

从评估结果来看，我国生猪产业安全主要面临市场价格周期性大幅波动的重大挑战。"猪周期"本质上是由利润来调节市场供需变化，最终传导到价格呈现周期性波动的产业运行方式。欧美等发达国家和地区也同样存在"猪周期"，但我国生猪产业波动的周期之短、冲击之大、影响之深，则极为罕见。2012—2021 年，我国生猪产业先后经历了 3 轮"猪周期"，其中，第一轮"猪周期"（2010 年 6 月至 2014 年 4 月）主要受猪周期的内部因素推动，是相对经典的"猪周期"；第二轮"猪周期"（2014 年 5 月至 2018 年 5 月）和第三轮"猪周期"（2018 年 6 月至今，也称为"超级猪周期"）的影响因素错综复杂，并且更多受到外部因素冲击影响。为此，本报告对过去 10 年中最近两轮"猪周期"进行归纳总结和比较分析。

（一）最近两轮"猪周期"的共同点

一是疫病成为"猪周期"的直接导火索。2014—2016 年，我国猪场蓝耳病连续 3 年增加，在很大程度上延缓了补栏速度，并且推动能繁母猪价格在 2016 年一路上行至阶段性历史高位；2018 年 6 月，非洲猪瘟开始在全国蔓延，直接导致我国生猪产能出现断崖式下跌。不可否认，最近两轮"猪周期"或者说引发猪肉价格开启暴涨模式均始于疫病。二是公共政策的溢出效应或负外部性对"猪周期"的影响日趋凸显。随着 2015 年《中华人民共和国环境保护法》的颁布实施，严格的环保禁养政策确实对优化改善我国以散户养殖为主的存栏结构起到了重要作用，但由于短期内大量散养户退出市场，补栏动力明显受到压制，无意中成为助推最近两次"猪周期"的重要外部因素。三是救火式频繁事后短期调控放大"猪周期"波动风险。事实证明，由于时滞的存在，一些地方政府救火式频繁事后短期调控，甚至出现层层加码、过度调控，往往使得生猪产能调控超出目标和预期，"多了，增得太多了""少

了，减得太快了"，从而加剧而不是缓解猪肉市场供需矛盾，拉长"猪周期"和增大价格波动幅度。

（二）最近两轮"猪周期"的不同点

一是两轮"猪周期"面临的国内外经济环境不同。上一轮"猪周期"仍处于国际大循环的发展格局下，但最近一轮"猪周期"出现在中国经济已经进入构建以国内大循环为主体、国内国际双循环相互促进的新发展格局下，即双循环下内需的重要性不言而喻。同时，我国总人口预计在2022年达到峰值，猪肉边际消费需求倾向及后疫情时代消费恢复程度对本轮"猪周期"的影响尤为明显。二是两轮"猪周期"面临的重大外部挑战不同。作为中华人民共和国成立以来发生的传播速度最快、感染范围最广、防控难度最大的重大突发公共卫生事件，新冠肺炎疫情同时叠加非洲猪瘟疫情，导致在最近一轮"猪周期"中，猪肉价格成倍上涨，顶破天花板，创历史新高，并且最终演绎为"超级猪周期"。三是资本介入使得"猪周期"开始发生前所未有的变化。相关调查显示，最近一轮"猪周期"中，具备防疫优势的头部猪企顺势崛起，截至2022年1月，养猪行业前20强企业的总出栏量市场占有率已超过20%；同时，500头以上规模养猪场的总出栏量市场占有率已达到60%以上，而在上一轮"猪周期"结束时，其总出栏量市场占有率还不足40%。资本介入生猪产业，争相抢占市场，对中小规模猪场的生存空间势必有所挤压，并且从近期能繁母猪存栏量的反复波动和仔猪补栏引发的价格大涨来看，本轮"猪周期"已催生出资本暴利和投机现象。四是生猪行业调控政策靶向"超级猪周期"。以农业农村部、国家发展改革委、财政部、生态环境部、商务部、银保监会等六部门发布《关于促进生猪产业持续健康发展的意见》（农牧发〔2021〕24号）为标志，我国生猪产业调控政策开始向长期稳定、防范异常波动于未然的跨周期调节转变，同时，围绕稳产保供，"省负总责"成为本轮"猪周期"调控政策新的亮点。

（三）优化"熨平""猪周期"对策建议

立足当前，着眼未来。必须完整、准确、全面贯彻新发展理念，着力树立和践行大食物观，把"熨平""猪周期"作为确保生猪产业安全的重中之重。一是围绕建立生猪生产逆周期调控机制，坚持目标导向、问题导向，尤其要紧盯疫情防控、能繁母猪存栏量和仔猪价格；二是充分考虑公共政策效应的冗余和缺口，平衡环保和将生猪产能稳定在合理水平上的战略"相向而行"；三是围绕"稳产保供"规范和引导资本发展，把握好政策调控的节奏、力度和范围；四是建立健全一体化市场风险管理体系，通过政企联动、银保联动、期保联动，全面保障生猪养殖户特别是中小散户收入的稳定。

附　录

附表 1　2012—2021 年我国生猪产业安全指数

年份	产业安全指数	基础保障水平	市场运行形势	科技支撑能力	资源环境条件	购买力水平
2012	87.00	95.54	72.24	90.32	88.96	91.79
2013	94.29	95.43	96.68	90.41	87.98	92.78
2014	85.83	94.54	68.37	92.02	89.30	93.70
2015	83.43	93.54	60.82	93.50	89.68	94.51
2016	84.61	93.20	64.29	94.76	90.35	95.29
2017	84.93	94.70	62.82	95.23	90.74	96.12
2018	86.48	93.45	68.35	98.00	91.08	96.91
2019	72.53	76.60	44.22	95.33	93.20	97.72
2020	88.27	96.69	68.65	95.33	96.50	98.17
2021	82.37	95.28	50.08	95.76	97.58	99.00

参考文献

［1］国家粮食和物资储备局.《中国的粮食安全》白皮书重要文献汇编[M]. 北京：人民出版社，2020.

［2］联合国粮食及农业组织，国际农业发展基金，联合国儿童基金会，等. 2021年世界粮食安全和营养状况[EB/OL]. [2021-10-29].https://www.fao.org/3/cb4474zh/cb4474zh.pdf.

［3］农业农村部市场预警专家委员会. 中国农业展望报告（2022—2031）[M]. 北京：中国农业科学技术出版社，2022.

［4］中国农业科学院农业信息研究所. 中国粮食安全评估报告（2022）[M]. 北京：科学技术文献出版社，2022.

［5］徐磊，等. 农产品市场风险评估和管理：理论、方法与实践[M]. 北京：中国农业出版社，2019.

［6］中国农业科学院. 中国农业产业发展报告2021[M]. 北京：中国农业科学技术出版社，2021.

［7］王明利. 中国生猪产业波动规律及调控对策研究[M]. 北京：中国农业出版社，2013.